마음자리 그림 마당

마그마란 마음자리 그림 마당의 약자로 마음의 응어리를 그림으로 용암같이 녹여내는 심리 치유의 공간이며 세상 만다라 펼침의 공간이다.

| 김영옥과 함께 하는 프로그램/수강정보

· M정신분석 실제 매달 워크샵 년간 진행
· 꿈분석가 배출
· 국민학습지 특강
· 경영지도자과정 : 지사 카페목적
· 마그마힐링&M분석 졸업전시회
· 마그마숲 책쓰기 프로젝트
· 지도자 역량강화 프로그램
· 마그마힐링 & 만다라 워크북 체험
· 전국민 나산다산다 워크숍
· 마그마힐링 지도자자격 과정: 1급~3급/전국지사
· **M분석가 과정**: 1단계~3단계
· **M통찰분석가 과정**: 1단계~3단계
· **꿈디자인학교**: 청년/1학기~4학기
· **국민학습지 전국지사 연계**: 서울,경기,충남,대구,울산,포항,영덕 등

| (주)김영옥심리체험박물관

전시회 | 워크샵 | 강의 | 개인분석 | 지도자 배출 | 견학 | 연수

움직이는 중심

김영옥과 함께 여는 원형 만다라

〈나의 안정과 조화로운 몽이세상〉
움직이는 중심

김영옥과 함께 여는 원형 만다라

나의 안정과 조화로운 몽이세상_움직이는 중심

| 나의 안정과 조화로운 몽이세상

- 움직이는 중심
- 움직이는 조화
- 움직이는 안정
- 움직이는 균형
- 움직이는 행복

| 활용 방법

- 문구따라 마음따라 선택
- 모든 색칠 도구 가능
- 바탕을 한가지 색에서~여러가지 색으로 확장
- 마음 가는대로 색칠
- 그냥 보기만해도 좋은 효과
- 여백, 공간 모두 색칠
- 먹물로 틀하고 마카로 점찍어 마무리

| 나의 안정과 조화로운 몽이세상이란

의미 찾기와 활동

내 마음 창조하듯 아름다운 심리 활동
마그마힐링

원형과
기하학으로 창조되는 나만의 세계

모든 심리를 깔고
원형으로 자리 잡아
안정을 찾아가는 길

| 김영옥 원장

- 화가 13회 개인전
- (주)김영옥심리체험박물관 대표
- (사)만다라미술심리연구원 이사장
- 마그마숲 대표
- M심리지원단 대표
- 마그마힐링 심리 프로그램 개발
- 만다라분석심리 이론정립
- 만다라꿈분석 이론 정립
- M분석심리 이론 정립
- M통찰분석 이론 정립

움직이는 중심 첫날

원형의 꿈 중심

움직이는 중심 둘째날

중심 잡는 안과 밖

움직이는 중심 셋째날

내 안에 중심

움직이는 중심 넷째날

사랑스런 중심

움직이는 중심 다섯째날

중심 잡는 색칠

움직이는 중심 여섯째날

중심 잡는 생각들

움직이는 중심 일곱째날

중심 잡는 창조

움직이는 중심 여덟째날

힘있게

움직이는 중심 아홉째날

신간 워크북

| 부정세포 실제탐색 전 5권　　| 가을신화 전 10권　　| 인생 잘사는 길 전 5권　　| 치매예방 전 5권　　| 맛을 뺀 정신 전 5권

    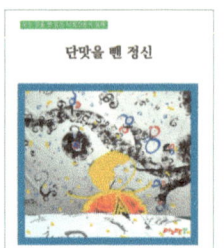

| 축제의 길 전 5권　　| 왕의 길 전 5권　　| 자유롭게 전 5권　　| 치유의 못 전 5권　　| 가치있는 삶 전 5권

기념품 판매

민소매·티셔츠·맨투맨·몽이망토담요·후드집업·몽이가방·조끼·셔츠

꿈몽이들의 고향 전 5권	내 인생의 월드컵 전 5권	M통찰 2단계 1차 전 2권	몽이들의 빛 전 5권	내 인생의 월드컵 전 5권
있는 그대로 살리고	받고 던지고	빛을 투시하라	고정됨은 또다른 준비의 빛으로	뛰고 달리고

경영인 전 11권	꿈 분석가 전 10권	오늘의 마음 날씨 전 5권	해와 달 전 5권	뇌 기능 운동 전 5권
경영인 희망교실 1	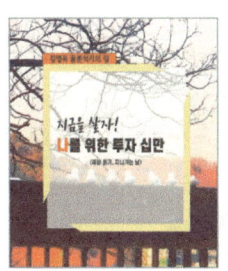 지금 살자! 나를 위한 투자 십만	오늘의 마음 날씨	해와 달 햇 밝은 아침	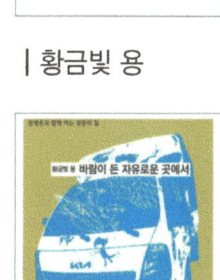 뇌기능 나노끼기 운동

아플 때 쉬어가는 나 전 8권	아플 때 만난 나 전 5권	아름다운 길 전 5권	M통찰 1단계 전 3권	황금빛 용
아플 때 쉬어가는 나		배에는 우렁찬 소리	블랙을 투시하라	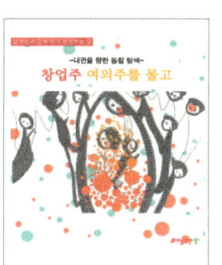 바람이 든 자유로운 곳에서

망토몽이 전 5권	두통없이 개운한 날 전 5권	정신소독 전 5권	여의주 전 5권	꿈출항 전 5권
안전	편두통	간병인의 정신소독	창업주 여의주를 물고	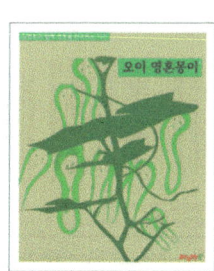 병원에서 여의주를 돌리고

깊어질 때 편안함 전 5권	그대로 좋아 전 5권	숲과 도시 전 5권	자율통합 전 5권	영혼몽이 전 5권
나 고민하며 잘 사는 법	그대로 좋아	동양과 서유럽	원의 자율	오이 영혼몽이

마그마숲 M심리지원단 전국치유와 희망으로 달린다

김영옥심리체험박물관

김영옥과 함께 여는 원형 만다라

나의 안정과 조화로운 몽이세상_움직이는 중심

발행일	2024년 2월 23일
지은이	(사) 만다라미술심리연구원
기획·연구	마그마숲, 몽이세상, 마그마숲과 창
펴낸곳	제1~2관 인간탐색관 : 경기도 포천시 영북면 문암길24
	제3~4관 정신탐색관 : 포천시 신북면 청신로2084
	TEL : 031) 533-1707 FAX : 031)532-1706
이메일	magmasup@naver.com
홈페이지	http://www.magmasup.com (본사)
	http://www.mgmskm.com (국민학습지)

- 서울 사)만다라미술심리연구원
- 서울 마그마숲
- 포천 영북면 문암길24 몽이세상
- 포천 신북면 청신로2084
- (주)김영옥심리체험박물관
- M전시관 회원전
- 매달 워크샵 진행

제1~2관 : 포천 영북면 문암길24 몽이세상   제3~4관 : 포천 신북면 청신로2084

값 12,000원

ISBN 979-11-6332-952-7
ISBN 979-11-6332-951-0 (세트)

이 책을 불법 복제시 저작권법에 따라 처벌 대상이 됩니다.